NOTICE

SUR

SA MAJESTÉ LOUIS XVIII,

ET

RETOUR DE S. M.

AU TRÔNE DE FRANCE.

Par C. M. MORIN.

A PARIS,

IMPRIMERIE DE CHAIGNIEAU Aîné.

1814.

NOTICE

SUR

SA MAJESTÉ LOUIS XVIII.

Sᴀ Majesté Lᴏᴜɪs XVIII habitait depuis quelque temps le château d'Hartwel, dans le comté de Bukingham, à seize lieues de Londres environ. La santé de S. M. s'est toujours soutenue très-bonne ; ses traits ont éprouvé peu d'altération ; sa figure est belle et prévenante ; on y retrouve cet air de bonté affable qui caractérisait son auguste frère Louis XVI. S. M. prenait souvent le plaisir de la promenade à pied, souvent aussi elle montait à cheval. Toutes les fois que S. M. s'approchait d'une ville, traversait un village, toutes les cloches sonnaient à l'avance ; les habitans se précipitaient à sa rencontre, suivaient ses pas, en l'accablant de témoignages d'amour et de vénération. Le château d'Hartwel et ses belles dépendances avaient été cédés par le propriétaire à S. M. ; dès ce moment, S. M. en a traité les habitans avec une extrême dou-

cœur ; elle a allégé toutes leurs charges, et ses bienfaits allaient chercher le malheureux sous le chaume
et sécher partout les larmes de l'infortuné ; aussi S. M.
était-elle au milieu d'eux comme un père au milieu
de ses enfans.

Sa Majesté a eu le bonheur, dans cette terre d'exil,
mais hospitalière en même temps, de posséder plu-
sieurs des membres de son auguste famille, le comte
d'Artois *Monsieur*, le duc d'Angoulême, le duc de
Berry et Mme la duchesse d'Angoulême, *Madame*, qui
prodiguait au Roi les soins d'une tendre fille. On
voyait encore auprès de Sa Majesté les princes de la
maison de Condé, dont le nom rappelle une gloire
si pure et une catastrophe à jamais déplorable. Ces
illustres proscrits, ces nobles fils de France s'oc-
cupaient avec affection du sort des prisonniers français, leur faisaient distribuer des secours ; *Madame*,
particulièrement, leur donnait tout ce qu'elle possé-
dait : c'est ainsi qu'elle se rapprochait, à force de
bienfaits, au moins par la pensée, d'une patrie qu'elle
regrettait toujours et qui était encore l'objet des plus
douces affections de son cœur. Depuis, Sa Majesté a
vu s'éloigner d'elle quelques-uns de ces princes ; ils

allaient lui préparer les voies qui devaient assurer son retour au trône de ses ancêtres : le Roi lui-même a quitté cette résidence pour se rendre à Londres ; et c'est de là que depuis peu de jours S. M. est partie au milieu des acclamations d'un peuple hospitalier dont les regrets et les vœux l'accompagneront, pour rentrer sur le sol français, où un peuple, comprimé trop long-temps, l'a salué au milieu de l'ivresse de la joie et dans les transports d'un saint enthousiasme, ROI DE FRANCE, PÈRE DE LA PATRIE.

Mais revenons aux simples occupations de S. M. dans sa retraite ; elle l'embellissait par la culture des belles-lettres qui furent, même dans des temps plus prospères, ses plus chers délassemens. Parlerons-nous de l'étendue et de la variété de ses connaissances, de cette mémoire qui saisit et case tout, de ce coup-d'œil prompt et sûr, qui embrasse et juge sainement les rapports et le but des choses? Dirons-nous un mot de l'amour de S. M. pour les beaux-arts, de l'étude particulière qu'elle en a faite, de la facilité, de la grâce et de la justesse avec laquelle elle en parle? ce sont là les qualités de l'homme; parlons des vertus du Souverain. Enveloppé, si l'on peut s'exprimer ainsi, de l'espionnage, des embuches et des agens de Buonaparte, notre Roi a dû rapprocher de lui, concentrer sur lui toutes les affaires qu'il avait à traiter. En effet, c'est lui seul qui ouvrait et lisait ses dépêches ; c'est lui seul qui y faisait les réponses. Si le Roi avait à recevoir des Envoyés des Puissances et de leurs cabinets, c'est encore le Roi qui les entretenait, qui recevait le rapport de leur mission, et lui seul donnait ses réponses de vive voix ou par écrit. S. M. prenait enfin sur elle de traiter exclusivement toutes les affaires de son administration ou de sa politique.

Un Roi, doué d'une instruction aussi vaste que S. M. et qui par sagesse, par prudence, est descendu à étudier ainsi, jusques dans les plus petits détails, toutes les parties de l'économie politique, doit avoir aujourd'hui la connaissance la plus profonde qu'il soit possible d'acquérir des hommes et des choses. Si donc l'excellence et la bonté du cœur de S. M. font pressentir que les Français vont retrouver en elle un bon et tendre père ; tant de lumières, une telle force de caractère, et cette aptitude à expédier les affaires, doivent encore les rassurer pour l'avenir, dans les circonstances actuelles où une véritable énergie est nécessaire pour conduire au port , au milieu de la réédification de l'ordre social , le vaisseau de l'état.

Tel est le Souverain que le Roi des Rois préparait au milieu de la tourmente de l'Europe, et au milieu des tribulations qu'il lui envoyait dans sa miséricorde, pour en faire un prince parfait, alliant la bonté à la force, et capable en même temps d'assurer la prospérité et le bonheur de la France pendant de longues années de paix, et de la défendre par une fermeté soutenue, mais sage, de ses propres erreurs ou de nouveaux écarts.

VIVE LOUIS XVIII !

DU RETOUR

DE SA MAJESTÉ

LOUIS XVIII

AU TRONE DE FRANCE.

DU RETOUR

DE SA MAJESTÉ

LOUIS XVIII

AU TRONE DE FRANCE.

———

Le descendant de St. Louis, de Louis XII et de Henri IV, le fils et le frère de nos Rois, notre Souverain légitime, Louis-le-Désiré, Louis XVIII enfin, va faire son entrée triomphante, solennelle et religieuse dans la Capitale de l'antique France.

Par quelle volonté puissante, venue d'en haut, cette auguste dynastie des Bourbons, entourée des respects de la terre, de l'amour des Français, et liée par le sang et par les intérêts d'une sage politique avec la plupart des puissances de l'Europe, est-elle tombée en peu de jours du trône de ses ancêtres ? Comment et par quelles voies y remonte-t-elle aujourd'hui, cette famille révérée, livrée hier encore à ses malheurs, naguère errante et fugitive, lâchement proscrite, et dont le souvenir et le culte ne s'étaient conservés purs que dans quelques âmes privilégiées et dans le cœur de quelques serviteurs fidèles ?

Admirons et bénissons la main céleste qui frappe et console, qui détruit et élève à son gré, et puisons dans les évènemens surnaturels dont nous sommes les témoins, la plus haute leçon qui puisse être donnée aux hommes !

Une Nation polie, éclairée, dont les mœurs étaient douces, que sa civilisation extrême avait amollie, sans que sa corruption annonçât rien de féroce; cette Nation trop vive, trop légère, généralement dupe ou victime d'un enthousiasme souvent factice, toujours éphémère, veut apporter des changemens à son existence politique. De grands intérêts seront nécessairement froissés, de hautes prétentions attaquées; le Trône lui-même, inquiet et ombrageux, voudra se défendre des atteintes qu'il regardera comme sacrilèges : les enfans d'une même patrie s'armeront les uns contre les autres; la guerre civile éclatera, et ce ne sera qu'au milieu des ruines, du désespoir et du sang versé par torrent, que s'élèvera au hasard l'édifice d'une restauration, toujours payée trop cher au prix de tant de sacrifices... NON ; Dieu, dans sa miséricorde, donne à cette Nation le Roi le plus vertueux, le plus essentiellement honnête homme et le plus dévoué aux intérêts du Peuple, dont l'histoire puisse garder le

souvenir. Par lui tous les Ordres de l'Etat seront ame-
nés à faire des concessions, devenues légitimes ; lui-
même en donnera, le premier, l'exemple. Une noble,
grande et mémorable transaction réunira tous les membres de la famille ; et le père de cette famille, le Prince
bon par excellence, l'auteur et la source de tout bien,
va recevoir sur un Trône devenu inébranlable, le
tribut que l'enthousiasme, l'amour et le respect doivent à tant de bienfaits, à tant de vertus et de sagesse.

Hélas ! l'esprit de novation trouble déjà toutes les têtes ;
un état prolongé de vertige et de fureur lui succède ;
la raison humaine est dégradée, la distinction du bien
et du mal violée ; plus de notion du juste et de l'in-
juste ; les traditions, la morale, la religion sont anéan-
ties ; le crime effronté, la licence cynique, la folie
audacieuse marchent tête levée ; ils ne conspirent plus,
ils renversent ; ils ne gouvernent plus, ils tuent : tout
est divisé, tout est détruit. Mais l'anneau sacré auquel
la chaîne sociale peut se rattacher, mais la pierre an-
gulaire qui peut recevoir l'édifice, sont là ; le Roi, le
modèle des Rois, existe encore.... On le mène à la
mort ! ! ! Homme froids et calculateurs, vous avez dit :
sa faiblesse l'a perdu. Je réponds : *au milieu de vous,
hommes pervers, ses vertus l'ont perdu.* En montant sur
l'échafaud, c'était une victime expiatoire, c'était le
digne fils de Saint-Louis : mort, c'est le second des

martyrs, c'est un Ange qui s'est réuni à son auteur.
Son sang est trop pur, son sang est trop précieux pour
être racheté par rien sur la terre ; point d'autre expiation que celle de nos larmes, de nos regrets, de nos
prières ; lui-même prie pour ses bourreaux.

Mais que deviendra la France ? Dieu va la châtier.
Il la livre sans défense aux barbares qui se disaient faits
pour la régénérer. On sait quels furent les fruits de
cette épouvantable régénération. Dieu l'abandonnera-t-il
à leur fureur, cette France trop coupable ? Dieu, dans
sa justice, envoie la verge de sa vengeance.

Un homme dont il faut parler avec quelque pudeur,
parce qu'il vit et qu'il est tombé de son pouvoir ; un
homme que la postérité trouvera extraordinaire, mais
qui ne fut jamais grand ; un homme qui avait une
volonté ferme et la puissance de l'exécution, mais qui
n'embrassa jamais toutes les parties d'un plan, et qui
ne sut pas calculer d'où il partait ni où il voulait ar-
river ; un homme qui avait la force de dompter les
factions, mais qui ne sut jamais commander à lui-
même, parut au milieu de nous, s'éleva comme par
enchantement et saisit d'une main avide et audacieuse
le sceptre des Rois. Génie singulier, ouvrage impar-
fait de la nature, il avait la force de créer ; mais rien
de ce qu'il devait faire ne pouvait être durable ; il
lui était donné de comprimer l'esprit de révolte, d'en-

chaîner les pervers, d'arrêter les crimes des partis; mais il n'avait aucun langage commun avec les gens de bien : la justice et la vertu ne pouvaient germer sous son empire.

Admirons ici les voies impénétrables de la providence : si cet homme eût été sage, il eût éloigné les flatteurs qui l'ont enivré, les perfides qui l'ont trompé, les lâches qui l'ont trop servi dans ses desseins, et son gouvernement eût pu s'établir. Le peuple qui lui sut quelque gré de l'avoir arraché à la tempête révolutionnaire, le peuple qui ne sait qu'obéir quand il est fortement commandé, eût laissé légitimer en quelque sorte, par le temps et dans le silence, son pouvoir usurpé. Dès lors le dévouement surnaturel de Louis XVI, la sanglante expiation de l'illustre victime eussent été perdus. Il n'était plus de leçon pour les Peuples, plus d'exemple salutaire pour les Rois, plus de récompense pour la vertu ; et si l'ordre social n'eût pas été interverti, l'ordre moral était à jamais offensé. Il fallait que la force s'abîmât par ses propres excès, que l'orgueil s'anéantît par l'opinion gigantesque qu'il s'était créée de soi-même ; il fallait que ce phénomène d'audace et de révolte contre la sagesse des temps, survécût à sa toute-puissance, pour que les desseins de l'éternelle providence frappassent tous les esprits. Qui d'entre nous oserait dénier ces vérités, marquées du sceau de Dieu ?

Enfin, le Trône de France est libre ; la Nation toute entière est délivrée de ses entraves, et son Roi paraît au milieu d'elle. Quels évènemens ! quelle époque ! quelle journée ! Recevons avec des sentimens dignes de lui ce Roi juste, éclairé et miraculeusement gardé par l'Eternel ; ce Roi, ministre auguste d'amour, de Paix et de consolation, que sa clémence nous envoie. Ah ! donnons un libre cours à ces mouvemens généreux qui honorèrent si souvent le caractère français. Oublions, oublions à tout jamais que nous avons trop raisonné ; abjurons les fausses lueurs de notre esprit ; défendons-nous des écarts d'une raison trop subtile ; livrons-nous sans réserve aux élans de notre cœur. Qu'un saint enthousiasme nous porte au devant de celui que la providence couvre de son égide ; précipitons-nous aux pieds de ce tendre Père, pressons-nous sur ses pas, enveloppons-le de notre amour, et courons avec lui dans nos temples !

A ces mots, mon idée se confond devant le Dieu par qui règnent les Rois, et je m'écrie avec un sage des temps anciens : MONTONS AU CAPITOLE ET LAISSONS FAIRE A LA DIVINITÉ.

FIN.